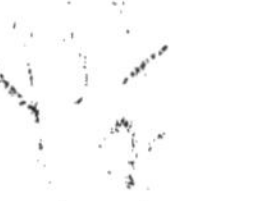

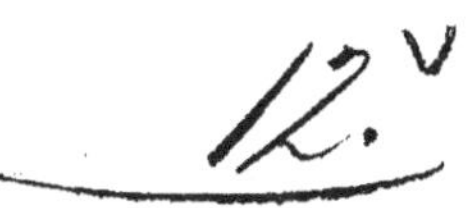

CATALOGUE

DE

TABLEAUX

ANCIENS

DES

ÉCOLES FRANÇAISE & HOLLANDAISE

ET

OBJETS DE CURIOSITÉ

ARRIVANT DE L'ÉTRANGER

DONT LA VENTE AUX ENCHÈRES PUBLIQUES AURA LIEU

HOTEL DROUOT

SALLE N° 4, AU 1er ÉTAGE

Le Lundi 5 Février 1866

A DEUX HEURES PRÉCISES

Par le ministère de Me **CHARLES PILLET**, Cre-Priseur,
rue de Choiseul, 11,

Assisté de M. **FEBVRE**, Expert, rue Laffitte, 12,

CHEZ LESQUELS SE DISTRIBUE LE PRÉSENT CATALOGUE

EXPOSITION PUBLIQUE

Le DIMANCHE 4 Février 1866, de une heure à cinq heures.

PARIS — 1866

RENOU & MAULDE

Imprimeurs de la Compagnie des Commissaires-Priseurs,

RUE DE RIVOLI, 144

CATALOGUE

DE

TABLEAUX

ANCIENS

DES

ÉCOLES FRANÇAISE & HOLLANDAISE

ET

OBJETS DE CURIOSITÉ

ARRIVANT DE L'ÉTRANGER

DONT LA VENTE AUX ENCHÈRES PUBLIQUES AURA LIEU

HOTEL DROUOT

SALLE N° 4, AU 1er ÉTAGE

Le Lundi 5 Février 1866

A DEUX HEURES PRÉCISES

Par le ministère de **Me Charles PILLET**, Cre-Priseur,
rue de Choiseul, 11,
Assisté de M. **FEBVRE**, Expert, rue Laffitte, 12,
CHEZ LESQUELS SE DISTRIBUE LE PRÉSENT CATALOGUE

EXPOSITION PUBLIQUE

Le Dimanche 4 Février 1866, de une heure à cinq heures.

PARIS – 1866

CONDITIONS DE LA VENTE

Elle sera faite au comptant.

Les Acquéreurs paieront, en sus des adjudications, cinq pour cent applicables aux frais.

DÉSIGNATION

DES TABLEAUX

ABSHOVEN.

1 — Le Marché conclu.

Près d'une chaumière, des paysans sont occupés à conclure un marché.

BERGEN (Dynk Van).

2 — Paysage avec animaux.

BERKEYDEN (Signé).

3 — Vue de la ville d'Amsterdam.

BLOEMERS (Signé).

4 — Pêche, raisins et autres fruits posés sur une table de marbre.

BREUGHEL (LE VIEUX).

5 — Réunion de dames et de seigneurs; Festin dans un parc.

BORSELEN (Van).

6 — Vue de la ville de Leyde.

BRAMER (Léonard).

7 — Le Denier de la veuve.

BREUGHEL (le vieux).

8 — Des Patineurs sur un canal glacé. Effet d'hiver.
(Pendant du précédent.)

CANALETTI (Ecole de)

9 — Vue de la Piazetta, à Venise.

CLOUET (Janet).

10 — Petit portrait en buste de Philippe II; il porte
le collier de la Toison-d'Or. Riche costume.

DU MÊME.

11 — Portrait de la duchesse de Nemours.

CLOUET (Ecole de).

12 — Portrait de Henri II, roi de France.

CRAESBECKE.

13 — Intérieur : le Déjeuner flamand.

CUYP (Albert).

14 — Etude de volatiles.

DEWETH.

15 — La Circoncision. Effet de lumière.

DELEN (Van).

16 — Dans l'intérieur d'un temple, un riche mausolée
près duquel causent des personnages.

DROGSLOOT.

17 — Paysage, cavaliers arrêtés à la porte d'une
auberge.

DU MÊME.

17 *bis* — Paysans attablés dans une campagne.
(Pendant du précédent.)

DROUAIS.

18 — Portrait du comte de Provence en costume de
cérémonie.

DYCK (Attribué à A.).

19 — Portrait de dame en collerette tuyautée et costume noir, tenant un mouchoir à la main.

DUSART (Corneille).

20 — Paysanne hollandaise tenant un pot.

FLINCK (Govaert).

21 — Portrait de jeune fille en buste.

GORP (Van).

22 — Jeune dame à sa toilette.

GOYEN (Van).

23 — Mer agitée.

HALS (Attribué à F.).

24 — Portrait d'un homme de qualité.

HEUSCH (Paul de).

25 — Paysage montagneux ; des muletiers se sont arrêtés pour faire boire leur troupeau.

HEEM (David de).

26 — Nature morte, citron et verres.

HEMSSYEN.

27 — Dame en costume du xvie siècle.

Elle est assise sur un tertre et tient une pomme à la main.

HÉDA (Van).

28 — Pâté, fruits, vase et accessoires posés sur une table.

HOLBEIN (Ecole de), daté 1584.

29 — Portrait de dame en costume noir orné de fourrure.

HECKEL (Signé 1651).

30 — Intérieur avec figures.

HOOG (Genre de Pierre)

31 — Intérieur hollandais, cinq figures.

HOPPENBROWERS.

32 — Environs d'Anvers, effet de soleil.

HOLBEIN.

33 — Portrait d'un savant.

HUYSUM (Attribué à J.).

34 — Fleurs et fruits.

HUGTENBURG.

35 — Combat de cavalerie.

KESSEL (Van).

36 — Bouquet de fleurs.

KESSEL (Van).

37 — Le Jugement de Pâris, médaillon en grisaille, entouré d'une guirlande de fleurs.

KABELL D'UTRECHT (Signé).

38 — Animaux au repos dans la campagne.

LAWRENCE.

39 — L'Oiseau envolé.

LEEN (Van), signés et datés.

40 — Quatre tableaux faisant pendants : Fleurs et fruits. (Ce numéro sera divisé.)

POELEMBURG (Corneille).

41 — Les Bergers en adoration devant l'Enfant Jésus. Des anges dans le ciel célèbrent la gloire du divin Enfant.

LOUTHERBOURG.

42 — Paysage avec chute d'eau et figures.

MAAS (Nicolas).

43 — Cuisinière hollandaise préparant du poisson.

METZU (Attribué à G.). Signé.

44 — Femme allaitant son enfant.

MIÉRIS (G.). Signé.

45 — Nymphe sortant du bain. Paysage avec ruines.

MIREVELT.

46 — Portrait de vieille Femme avec cornette et collerette blanche.

MOLENAER (Jean).

47 — Buveur et Femme flamande.

DU MÊME.

48 — Cinq petits tableaux formant pendant représen-
tant les cinq Sens.

MOLENAER (Klas).

49 — Vue de la plage de Héveningue animée par un
grand nombre de figures.

DU MÊME.

50 — Effet d'hiver.

OUWATER.

51 — La Marchande de poisson.

PALAMÈDES.

52 — Réunion de seigneurs en costume Louis XIII.

POTTER (Attribué à Paul)

53 — Poule jaune tachetée de noir.

PORBUS (François).

54 — Petit portrait de jeune Femme, la tête couverte d'une cornette blanche.

Le tableau porte le monogramme du peintre, sur fond d'or.

ROMBOUTS.

55 — Village à l'entrée d'un bois.

RUBENS (Attribué à P.-P.).

56 — Très-belle étude ; tête de Femme.

RUYSCH (Rachel). Signé.

57 — Fleurs posées sur une console.

SAUVAGE.

58 — Deux médaillons en grisaille, sujets d'Amours.

SASSO-FERRATO.

59 — Buste de la Vierge les mains jointes.

SCHALL.

60 — Portrait de jeune dame en costume Louis XVI.

SCHÉRENS.

61 — Intérieur avec personnages.

SCHELFHOUT. Signé et daté.

62 — Effet de neige.

SCHENDEL (Van).

63 — Laitière causant avec un paysan.

SNEYDERS (François).

64 — Coupe en porcelaine du Japon posée sur une table contenant des fruits de toute nature.

STEEN (Jean).

65 — Peintre à son chevalet.

STRY (Van).

66 — Animaux au pâturage.
Effet de soleil couchant.

TOL (D. Van).

67 — Ménagère hollandaise.

VERHELSS.

68 — Dame hollandaise lisant une lettre.

VLIÉGLEN (Simon de).

69 — Mer houleuse sillonnée par plusieurs barques de pêcheurs.

WITHOOS.

70 — Ruines dans la campagne de Rome.

WOUWERMANS (Pierre).

71 — Le Maréchal-ferrant.

INCONNU.

72 — Bouquet de fleurs posé sur un socle orné de petits Amours.

ÉCOLE ITALIENNE.

73 — Sujet allégorique ayant trait à la Religion. (Grisaille.)

ÉCOLE HOLLANDAISE.

74 — Portrait de seigneur en riche costume.

DE LA MÊME.

75 — Portrait de dame de qualité.

ÉCOLE ANGLAISE.

76 — Portrait d'Henri VIII.

DE LA MÊME.

77 — Portrait d'Anne de Boleyn.
Signé V. D. H.

OBJETS DE CURIOSITÉ

78 — Armures et pièces d'argenterie.

79 — Bronzes, Porcelaines, Grès de Flandre, Bronzes dorés, Console dorée, etc., etc

RENOU et MAULDE, imprimeurs de la Compagnie des Commissaires-Priseurs, rue de Rivoli, 144.　48974

www.ingramcontent.com/pod-product-compliance
Lightning Source LLC
LaVergne TN
LVHW020900200726
843508LV00003B/1268